DIE WILDE LERNBANDE

RECHNEN VON 1 BIS 20

NFV

Rechnen lernen ist gar nicht schwer!

Deine Hand hat 10 Finger und bis 10 kannst du sicher auch schon zählen. Jetzt lernst du, wie man bis 20 rechnet. Auch das ist ganz einfach: Auf der Seite gegenüber siehst du, wie man von 10 bis 20 zählt.

Am besten übst du zusammen mit einem Freund oder einer Freundin: Jeder von euch hat 10 Finger, also habt ihr zusammen 20. Macht die Übung auf der Seite gegenüber mit euren Fingern nach. Wenn du genau weißt, wie man bis 20 zählt, kannst du dich dann an die Aufgaben auf den nächsten Seiten wagen.

Mit unseren Aufgaben macht Addieren und Subtrahieren richtig Spaß! Und wenn du die richtigen Lösungen gefunden hast, kannst du ganz schön stolz auf dich sein!

Wir haben 4 Hände, jede Hand hat 5 Finger – jetzt rate mal, wie viel das zusammen ergibt?

 +10 = 11

 +10 = 12

 +10 = 13

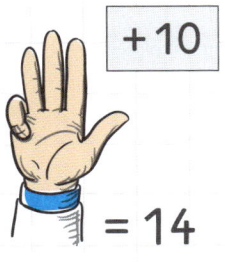 +10 = 14

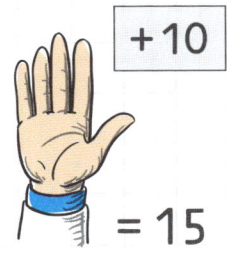 +10 = 15

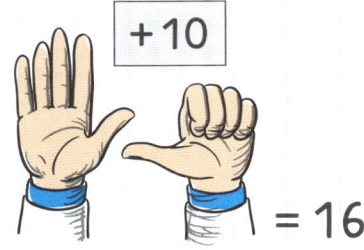 +10 = 16

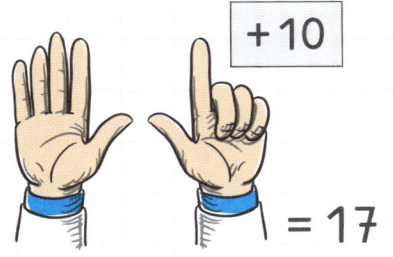 +10 = 17

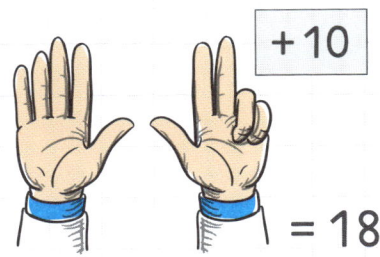 +10 = 18

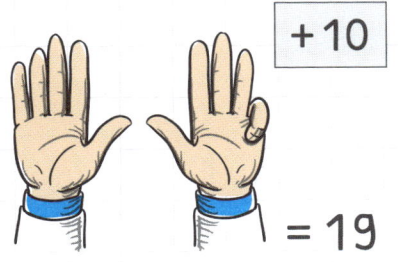 +10 = 19

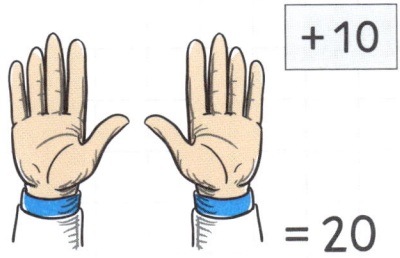 +10 = 20

Zehner und Einer bestimmen

Wenn du über die Zahl 10 hinaus bis 20 zählst, dann zählst du die Zahlen von 1 bis 10 zur 10 dazu. Daraus entsteht eine <mark>zweistellige Zahl.</mark> Also: 10 + 3 = 13. Die 13 hat zwei Stellen: die 1 und die 3. An der <mark>ersten Stelle</mark> stehen die <mark>Zehner</mark> und an der <mark>zweiten Stelle</mark> stehen die <mark>Einer.</mark>

✏ Übung 1: Zähle die Vierecke und trage die Zehner und die Einer darunter ein.

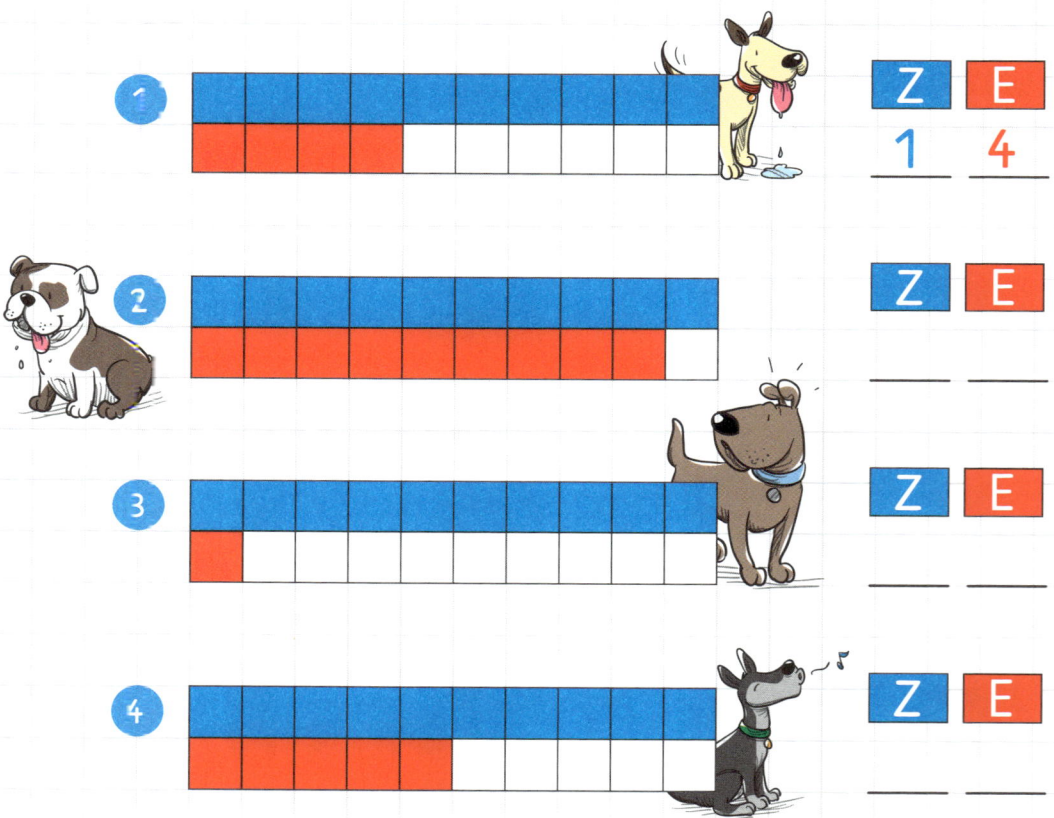

Z	E
1	4

Z	E
—	—

Z	E
—	—

Z	E
—	—

Übung 2: Ergänze in jedem Kasten die fehlenden Symbole. Zeichne so viele Symbole hinein, bis die Zahl daneben erreicht ist.

1

13

2

16

3

11

4

18

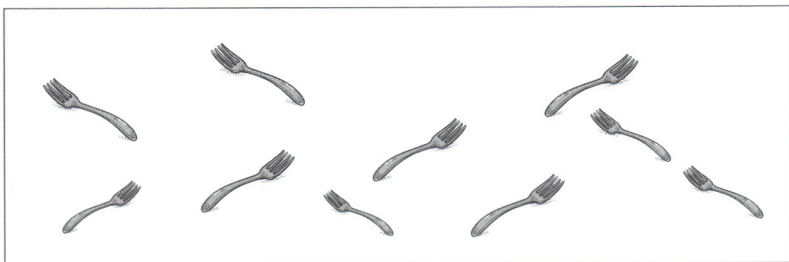

In Schritten vorwärts zählen

 Übung 3: Die Katze hüpft in 2er-Schritten und der Lemur in 3er-Schritten nach unten. Beginne bei 0 und schreibe die Zahlen auf.

2er-Schritte

0

3er-Schritte

0

1 2er-Schritte

_____ _____
_____ _____
_____ _____
_____ _____

2 3er-Schritte

_____ _____
_____ _____
_____ _____

1	1
2	2
3	3
4	4
5	5
6	6
7	7
8	8
9	9
10	10
11	11
12	12
13	13
14	14
15	15
16	16
17	17
18	18
19	19

20

20

In Schritten rückwärts zählen

Beispiel: Gehe in 5er-Schritten rückwärts und schreibe die Zahlen auf. Beginne bei 20.

20, 15, 10, 5

 Übung 4: Gehe in 2er-Schritten rückwärts und schreibe die Zahlen auf. Beginne bei 19.

 **Übung 5:** Gehe in 3er-Schritten rückwärts und schreibe die Zahlen auf. Beginne bei 18.

Übung 6: Gehe in 4er-Schritten rückwärts und schreibe die Zahlen auf. Beginne bei 20.

Kleiner, gleich groß oder größer?

Manche Zahlen sind kleiner als andere, manche Zahlen sind gleich groß und manche Zahlen sind größer als andere. Dafür gibt es verschiedene Zeichen, die du hier lernst.

13 < 15   bedeutet: 13   ist kleiner als   15
13 = 13   bedeutet: 13   ist gleich   13
15 > 13   bedeutet: 15   ist größer als   13

Merke: Das Krokodil frisst immer die größere Zahl.

Übung 7: Zähle die Blumen und entscheide, welches Zeichen das richtige ist.

1

_____ ☐ _____

2

_____ ☐ _____

Übung 8: Schreibe das richtige Zeichen in die Kästchen.

1 1 1 □ 5

2 1 3 □ 2 0

3 9 □ 9

4 2 0 □ 1 9

5 1 5 □ 1 7

6 1 8 □ 8

7 1 3 □ 1 5

8 2 □ 1 2

9 1 0 □ 1 1

10 1 7 □ 1 7

11 2 0 □ 2 0

12 1 9 □ 2 0

13 7 □ 9

14 1 3 □ 1 2

15 1 8 □ 1 8

16 1 0 □ 1 0

17 1 5 □ 1 3

18 1 9 □ 1 9

Verdoppeln und halbieren

Du weißt sicher, was „doppelt" bedeutet: wenn eine Menge 2-mal da ist. Nimmt man von der 2-fachen Menge wieder die eine Menge weg, dann bedeutet das „halbieren".

Ein Beispiel: Heute ist dein Glückstag: Du bekommst statt einer Kugel Eis zwei Kugeln! Das ist doppelt so viel. Dann gibst du deinem kleinen Bruder eine Kugel ab. Jetzt hast du statt zwei Kugeln Eis nur noch eine. Dein Eis wurde also halbiert.

doppelt

halbiert

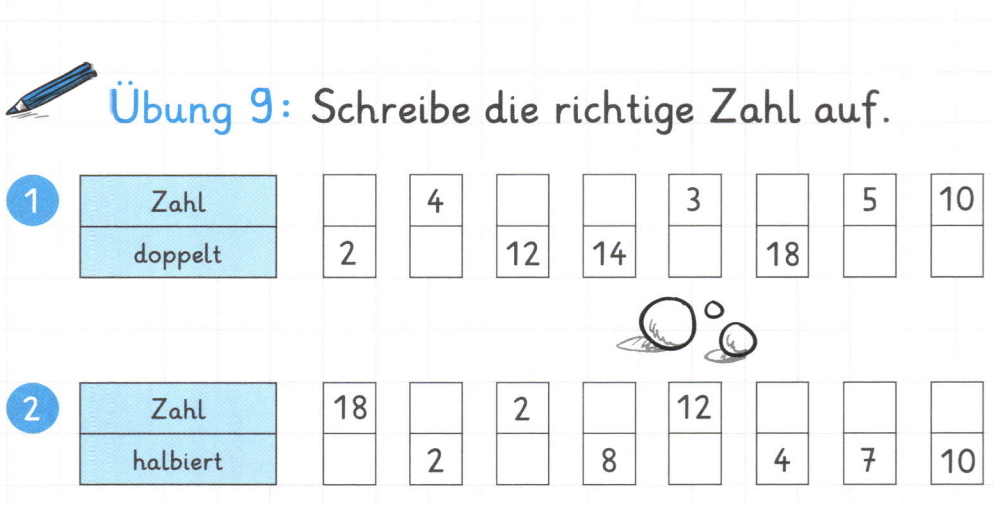

✏️ Übung 9: Schreibe die richtige Zahl auf.

1

Zahl		4			3		5	10
doppelt	2		12	14		18		

2

Zahl	18		2		12			
halbiert		2		8		4	7	10

Übung 10: Zähle die Eiskugeln zusammen oder ziehe sie ab und schreibe das Ergebnis auf.

_____ + _____ = _____

_____ + _____ = _____

_____ + _____ = _____

_____ - _____ = _____

_____ - _____ = _____

_____ - _____ = _____

Addieren mit Zehnerüberschreitung

Wenn du zwei Zahlen addieren willst, die zusammen mehr als 10 ergeben, gehst du so vor:
Ein Beispiel: Du willst 8 und 5 addieren. Zähle nun von der 8 bis zur 10. Wie viel fehlt bis zur 10? Es fehlen 2! Zähle die 2 zu der 8 dazu, dann hast du 10. Von der 5 hast du also schon 2 abgezählt und es sind noch 3 übrig.
Die 3 zählst du zur 10 dazu = 13
Also ergibt sich: 8 + 5 = 13

Schreibe die Aufgabe so auf:

8 + 5 = _____
8 + 2 = 10
10 + 3 = 13

 Übung 11: Löse nun die Aufgaben.

1

6 + 9 = _____

_____

_____

2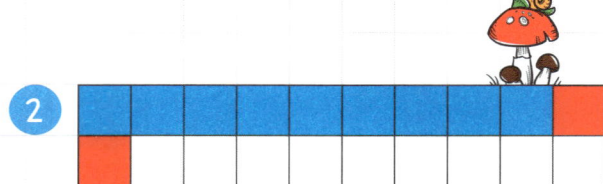

9 + 2 = _____

_____

_____

Subtrahieren mit Zehnerüberschreitung

Wenn du von einer Zahl, die größer als 10 ist, eine Zahl subtrahieren willst, gehst du so vor:
Ein Beispiel: Du willst 8 von 13 subtrahieren. Zähle nun von der 13 zurück bis zur 10. Wie viel musst du wegnehmen bis zur 10? Du musst 3 wegnehmen! Zähle die 3 von der 8 ab, dann bleiben 5 übrig.
Die 5 zählst du von der 10 ab = 5
Also ergibt sich: 13 − 8 = 5

Schreibe die Aufgabe so auf:

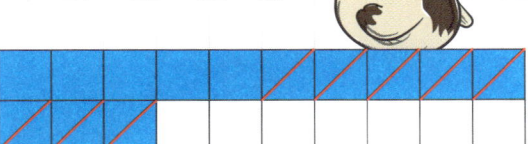

13 − 8 = _____
13 − 3 = 10
10 − 5 = 5

 Übung 12: Löse nun die Aufgaben.

1

1 6 − 7 = ___
_____
_____

2

1 2 − 5 = ___
_____
_____

Verliebte Zahlen

Verliebte Zahlen heißen auch <mark>Partnerzahlen.</mark> Man nennt sie so, weil diese Zahlen immer einen Partner haben, in den sie verliebt sind. Du erkennst sie daran, dass sie <mark>zusammen immer 10</mark> ergeben. Wenn du die Partnerzahlen kennst, ist es einfacher, eine Aufgabe auszurechnen. In dieser Tabelle siehst du, welche Zahlen verliebt sind:

Übung 13: Finde heraus, welche Zahlen verliebt sind. Kreuze sie an.

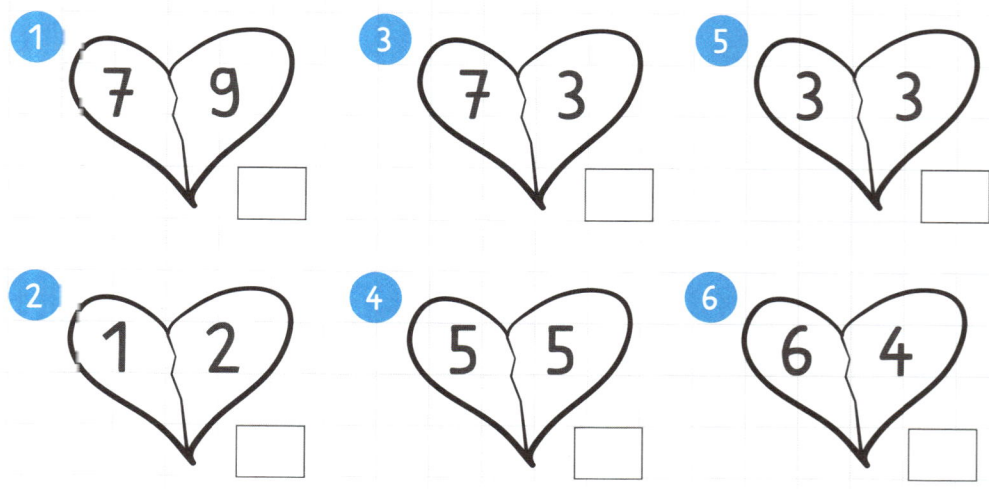

Nachbaraufgaben

Um eine Aufgabe zu lösen, kannst du dir von kleinen „Tricks" helfen lassen. Ein solcher Trick sind die Nachbaraufgaben.

Ein Beispiel: $7 + 8 = 15$

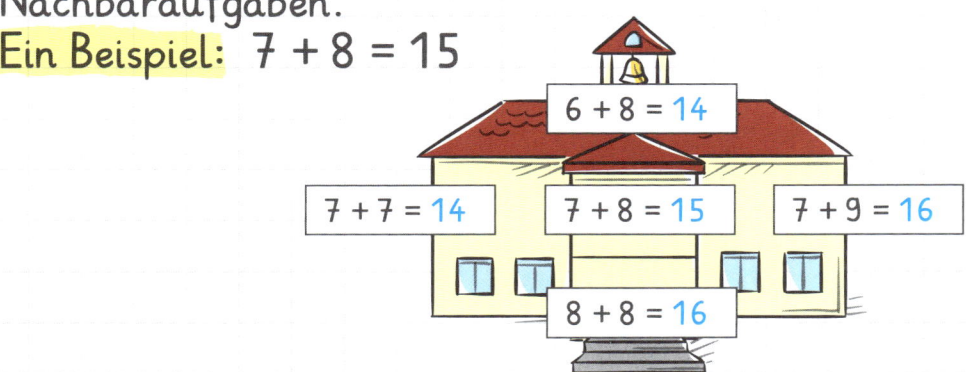

Bei dieser Aufgabe hilft dir die Nachbaraufgabe $7 + 7 = 14$, weil sie eine einfache Verdoppelung ist. Zähle zu dem Ergebnis 14 nun die 1 dazu, die bei der addierten 7 fehlt und schon hast du das Ergebnis von $7 + 8$, nämlich 15!

 Übung 14: Löse die Aufgabe $7 + 4$ mit Hilfe der Nachbaraufgaben.

Rechengeschichten

 Übung 15 : Kreuze die richtige Aufgabe an
und schreibe die Lösung dahinter.

1 Im Papageiengehege sitzen 12 Papageien
auf den Ästen. 3 flattern davon.
Wie viele Papageien bleiben sitzen?

☐ 1 2 + 5 = _____

☐ 1 3 - 3 = _____   ☐ 1 2 - 3 = _____

☐ 1 2 - 9 = _____   ☐ 1 2 + 3 = _____

2 Lotta hat eine Tüte Gummibärchen dabei.
Darin sind noch 16 Gummibärchen. Sie
teilt sie mit ihrem Freund Lukas. Wie viele
Gummibärchen bekommt jeder?

☐ 1 6 - 7 = _____   ☐ 1 6 - 2 = _____

☐ 1 6 - 8 = _____   ☐ 1 6 + 4 = _____

☐ 1 4 + 2 = _____

 Übung 16: Schreibe die richtige Aufgabe und die Lösung auf.

1 Lukas sagt zu seinem Freund Henri: „Ich habe 2 Fußbälle!" Henri antwortet: „Ich habe doppelt so viele!" Wie viele Fußbälle haben beide zusammen?

Rechnung:_____

_____

_____

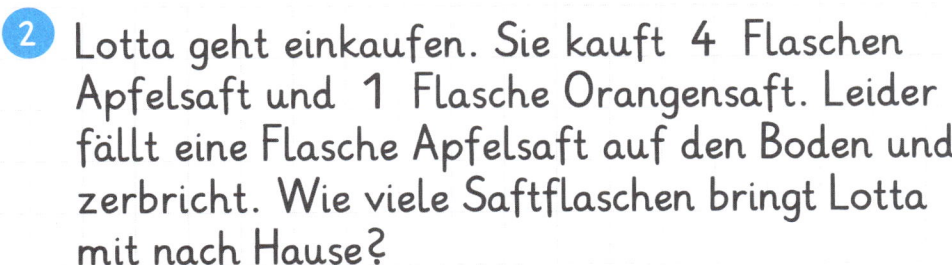

2 Lotta geht einkaufen. Sie kauft 4 Flaschen Apfelsaft und 1 Flasche Orangensaft. Leider fällt eine Flasche Apfelsaft auf den Boden und zerbricht. Wie viele Saftflaschen bringt Lotta mit nach Hause?

Rechnung:_____

_____

_____

Rechenmauern

 Übung 17: Rechne bei den Rechenmauern jeweils die beiden nebeneinander stehenden Zahlen zusammen. Schreibe das Ergebnis in das Kästchen darüber.

1

10	3

5

10	3	3

2

7	10

6

2	2	10

3

15	
	10

7

10	7
	6

4

18	
10	

8

9	10
	8

Rechenhäuser

Übung 18: Rechne bei den Rechenhäusern jeweils die oben im Dach stehende Zahl dazu. Schreibe das Ergebnis in das jeweilige Kästchen.

1 +4

4	
7	
12	
16	
5	

3 +9

11	
3	
8	
5	
1	

2 +7

4	
13	
11	
6	
9	

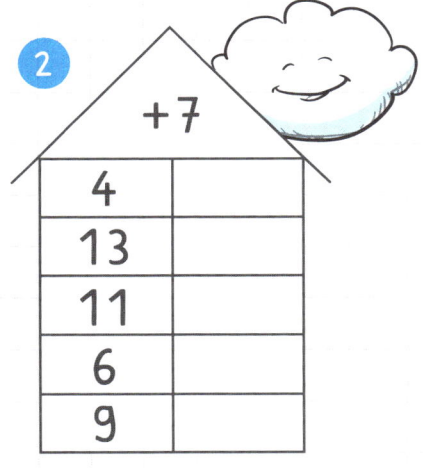

4 +11

6	
9	
1	
3	
7	

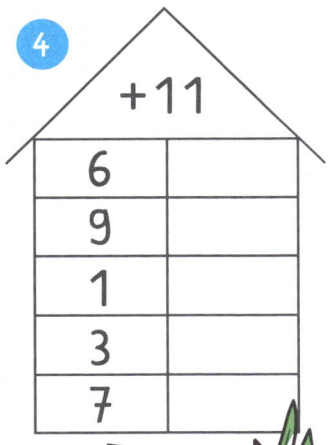

Addieren von 3 Zahlen

Manchmal muss man mehr als 2 Zahlen addieren.
Ein Beispiel: Du hast 3 rote und 2 blaue Stifte
und bekommst noch 3 gelbe Stifte dazu geschenkt.
Wie viele Stifte hast du dann insgesamt?
Zuerst zählst du die 3 roten und die 2 blauen
Stifte zusammen: $3 + 2 = 5$
Zu dem Ergebnis 5 zählst du noch die 3 gelben
Stifte dazu: $5 + 3 = 8$
Du hast also insgesamt 8 Stifte.

Übung 19: Rechne die folgenden Aufgaben aus:

1

$$\boxed{} + \boxed{} + \boxed{} = \boxed{}$$

2

$$\boxed{} + \boxed{} + \boxed{} = \boxed{}$$

Subtrahieren von 2 Zahlen

Wenn du von einer Zahl zwei Zahlen abziehen willst, gehst du ähnlich vor, wie beim Zusammen-zählen: Zuerst ziehst du die zweite Zahl von der ersten ab und von dem Ergebnis ziehst du die dritte Zahl ab.

Ein Beispiel: Um 8 – 2 – 3 auszurechnen, ziehst du die 2 von der 8 ab und erhältst 6. Von der 6 ziehst du die 3 ab und erhältst 3. Das Ergebnis ist also 3.

Übung 20: Rechne die folgenden Aufgaben aus:

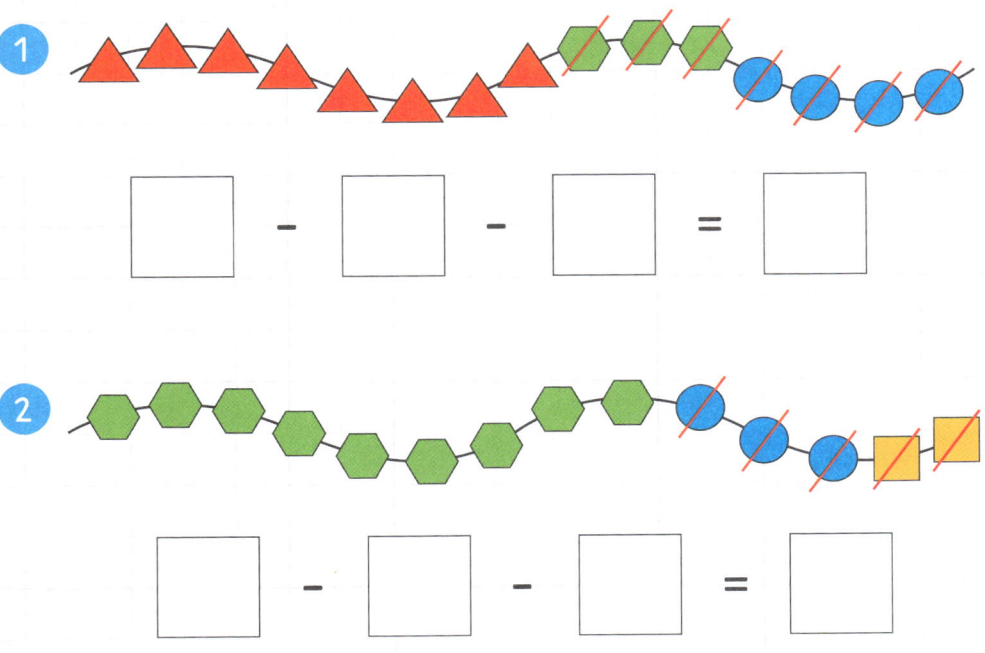

1

$$\boxed{} - \boxed{} - \boxed{} = \boxed{}$$

2

$$\boxed{} - \boxed{} - \boxed{} = \boxed{}$$

Rechen- und Buchstabenrätsel

Übung 21: Löse die Aufgaben und schreibe den Buchstaben hinter dem Ergebnis zu der passenden Zahl unten. Wenn du alle Aufgaben richtig gelöst und das richtige Ergebnis eingetragen hast, erhältst du das Lösungswort. Kreise den Gegenstand auf dieser Seite ein.

$15 - 6 =$ _____ I $2 + 14 =$ _____ L

$8 + 4 =$ _____ A $7 + 8 =$ _____ N

$20 - 12 =$ _____ L $19 - 14 =$ _____ E

_____ _____ _____ _____ _____ _____
  8   9   15   5   12   16

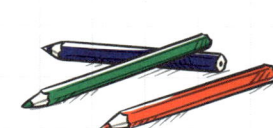
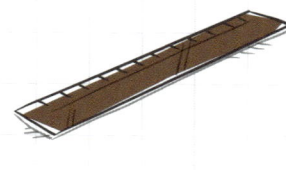

Umkehraufgaben

Stell dir vor, du hast 3 Bonbons und bekommst
noch 2 Bonbons dazu. Dann hast du insgesamt
5 Bonbons. Deine Schwester meint, dass zu viele
Bonbons schlecht für die Zähne sind, und nimmt
dir die 2 Bonbons wieder ab. Jetzt hast du wieder
nur 3 Bonbons.
Rechne also: 3 + 2 = 5 und kehre die Aufgabe
um: 5 - 2 = 3

Übung 22: Schreibe zu den Aufgaben die
passende Umkehraufgabe darunter.

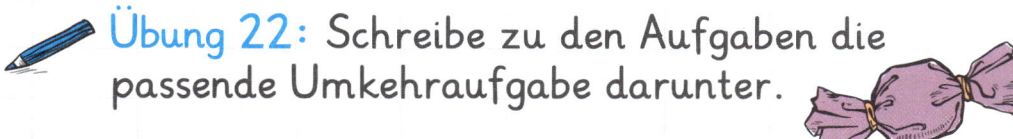

1

_____ + 6 = 8

_____

4

_____ - 6 = 8

_____

2

_____ + 9 = 1 8

_____

5

_____ - 8 = 1 1

_____

3

_____ + 4 = 1 2

6

_____ - 3 = 1 2

_____  _____

Rechnen mit Euro

 Übung 23: Wie viel Euro sind das?
Schreibe die Zahl daneben.

= _____

 **Übung 24:** Wie viel Euro sind das?
Schreibe die Zahl daneben.

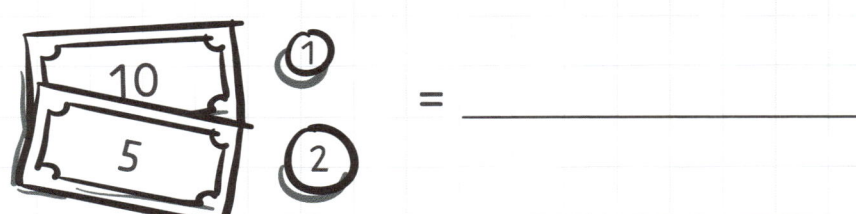

= _____

 Übung 25: Zähle, wie viel Euro abgebildet
sind. Streiche die Münzen und Scheine durch,
die zu viel sind.

= _13 Euro_

Übung 26: Lotta hat 6 Euro. Tim hat 12 Euro. Lotta kauft sich ein Malbuch. Das Malbuch kostet 3 Euro. Wie viel Euro hat Lotta noch übrig? Tim kauft sich einen Teddy. Der Teddy kostet 9 Euro. Wie viel Euro hat Tim noch übrig? Wie viel Geld haben Lotta und Tim zusammen übrig?

Rechnung:_____

_____

_____

_____

_____

_____

Lass dir von deinen Eltern Eurostücke geben und rechne damit die Aufgaben aus. Danach Händewaschen nicht vergessen!

Übung 27: Löse die Aufgaben und schreibe die richtige Zahl dahinter.

✚ Addiere:

① $8 + 10 = \underline{\hphantom{00}}$ ⑥ $16 + 3 = \underline{\hphantom{00}}$

② $12 + 2 = \underline{\hphantom{00}}$ ⑦ $10 + 4 = \underline{\hphantom{00}}$

③ $9 + 8 = \underline{\hphantom{00}}$ ⑧ $7 + 11 = \underline{\hphantom{00}}$

④ $7 + 9 = \underline{\hphantom{00}}$ ⑨ $8 + 7 = \underline{\hphantom{00}}$

⑤ $10 + 5 = \underline{\hphantom{00}}$ ⑩ $11 + 9 = \underline{\hphantom{00}}$

▭ Subtrahiere:

① $20 - 8 = \underline{\hphantom{00}}$ ⑥ $14 - 1 = \underline{\hphantom{00}}$

② $15 - 2 = \underline{\hphantom{00}}$ ⑦ $12 - 3 = \underline{\hphantom{00}}$

③ $17 - 14 = \underline{\hphantom{00}}$ ⑧ $19 - 10 = \underline{\hphantom{00}}$

④ $11 - 9 = \underline{\hphantom{00}}$ ⑨ $20 - 12 = \underline{\hphantom{00}}$

⑤ $16 - 12 = \underline{\hphantom{00}}$ ⑩ $18 - 17 = \underline{\hphantom{00}}$

Übung 28: Löse die Aufgaben und schreibe die richtige Zahl dahinter.

Addiere und subtrahiere:

1 $6 + 11 = \underline{\hspace{1cm}}$ 6 $14 - 9 = \underline{\hspace{1cm}}$

2 $13 - 3 = \underline{\hspace{1cm}}$ 7 $12 - 8 = \underline{\hspace{1cm}}$

3 $18 - 10 = \underline{\hspace{1cm}}$ 8 $5 + 15 = \underline{\hspace{1cm}}$

4 $13 + 3 = \underline{\hspace{1cm}}$ 9 $3 + 12 = \underline{\hspace{1cm}}$

5 $7 + 10 = \underline{\hspace{1cm}}$ 10 $4 + 16 = \underline{\hspace{1cm}}$

Ergänze die fehlende Zahl:

1 $\underline{\hspace{1cm}} - 20 = 0$ 6 $4 + \underline{\hspace{1cm}} = 19$

2 $\underline{\hspace{1cm}} - 8 = 12$ 7 $5 + \underline{\hspace{1cm}} = 17$

3 $\underline{\hspace{1cm}} + 5 = 11$ 8 $3 + 10 = \underline{\hspace{1cm}}$

4 $\underline{\hspace{1cm}} - 16 = 2$ 9 $9 + \underline{\hspace{1cm}} = 15$

5 $\underline{\hspace{1cm}} + 2 = 14$ 10 $20 - 6 = \underline{\hspace{1cm}}$

Lösungen

Seite 4, Übung 1:

1 | Z | E |
| 1 | 4 |

2 | Z | E |
| 1 | 9 |

3 | Z | E |
| 1 | 1 |

4 | Z | E |
| 1 | 5 |

Seite 5, Übung 2:

1 13

4 11

2 16

4 18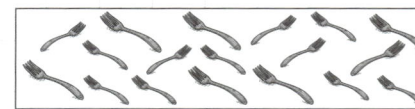

Seite 6, Übung 3:

1 2er-Schritte:
2, 4, 6, 8, 10, 12,
14, 16, 18, 20

2 3er-Schritte:
3, 6, 9, 12, 15

Seite 7, Übung 4:

19, 17, 15, 13, 11, 9, 7, 5, 3, 1

Seite 7, Übung 5:

18, 15, 12, 9, 6, 3

Seite 7, Übung 6:

20, 16, 12, 8, 4

Seite 8, Übung 7:

① _13_ $<$ _20_   ② _15_ $>$ _14_

Seite 9, Übung 8:

① 11 $>$ 5   ⑦ 13 $<$ 15   ⑬ 7 $<$ 9
② 13 $<$ 20   ⑧ 2 $<$ 12   ⑭ 13 $>$ 12
③ 9 $=$ 9   ⑨ 10 $<$ 11   ⑮ 18 $=$ 18
④ 20 $>$ 19   ⑩ 17 $=$ 17   ⑯ 10 $=$ 10
⑤ 15 $<$ 17   ⑪ 20 $=$ 20   ⑰ 15 $>$ 13
⑥ 18 $>$ 8   ⑫ 19 $<$ 20   ⑱ 19 $=$ 19

Seite 10, Übung 9:

①

Zahl	1	4	6	7	3	9	5	10
doppelt	2	8	12	14	6	18	10	20

②

Zahl	18	4	2	16	12	8	14	20
halbiert	9	2	1	8	6	4	7	10

Seite 11, Übung 10:

① $3 + 3 = 6$
② $8 + 8 = 16$
③ $6 - 3 = 3$
④ $9 + 9 = 18$
⑤ $12 - 6 = 6$
⑥ $4 - 2 = 2$

Seite 12, Übung 11:

① $6 + 9 = 15$
$6 + 4 = 10$
$10 + 5 = 15$

② $9 + 2 = 11$
$9 + 1 = 10$
$10 + 1 = 11$

29

Seite 13, Übung 12:

1 $16 - 7 = \underline{9}$
$16 - 6 = 10$
$10 - 1 = 9$

2 $12 - 5 = \underline{7}$
$12 - 2 = 10$
$10 - 3 = 7$

Seite 14, Übung 13:

3 7 3 ☒

4 5 5 ☒

6 6 4 ☒

Seite 15, Übung 14:

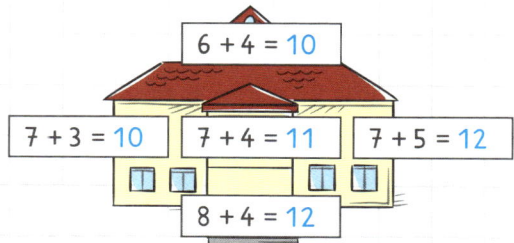

$6 + 4 = 10$
$7 + 3 = 10$ $\quad 7 + 4 = 11 \quad$ $7 + 5 = 12$
$8 + 4 = 12$

Seite 16, Übung 15:

1 ☒ $12 - 3 = 9$
2 ☒ $16 - 8 = 8$

Seite 17, Übung 16:

1 Rechnung:
Lukas: 2
Henri: $2 + 2 = 4$
Beide: $2 + 4 = 6$

2 Rechnung:
Apfelsaft: 4
Orangensaft: 1
Beide: $4 + 1 = 5$
$5 - 1 = 4$

Seite 18, Übung 17:

1
13	
10	3

2
17	
7	10

3
15	
5	10

4
18	
10	8

5
19		
13	6	
10	3	3

6
16		
4	12	
2	2	10

7
17		
10	7	
4	6	1

8
19		
9	10	
1	8	2

Seite 19, Übung 18:

1 +4

4	8
7	11
12	16
16	20
5	9

2 +7

4	11
13	20
11	18
6	13
9	16

3 +9

11	20
3	12
8	17
5	14
1	10

4 +11

6	17
9	20
1	12
3	14
7	18

Seite 20, Übung 19:

1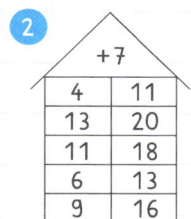

| 4 | + | 6 | + | 2 | = | 12 |

2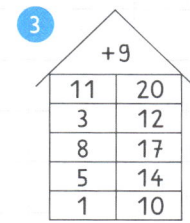

| 3 | + | 3 | + | 7 | = | 13 |

Seite 21, Übung 20:

1

| 8 | − | 3 | − | 4 | = | 1 |

2

| 9 | − | 3 | − | 2 | = | 4 |

Seite 22, Übung 21:

L	I	N	E	A	L
8	9	15	5	12	16

Seite 23, Übung 22:

1
2 + 6 = 8
8 − 6 = 2

2
9 + 9 = 18
18 − 9 = 9

3
8 + 4 = 12
12 − 4 = 8

4
14 − 6 = 8
8 + 6 = 14

5
19 − 8 = 11
11 + 8 = 19

6
15 − 3 = 12
12 + 3 = 15

Seite 24, Übung 23:

9 Euro

Seite 24, Übung 24:

18 Euro

Seite 24, Übung 25:

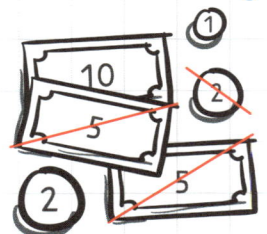

Seite 25, Übung 26:

Lotta:

6 Euro − 3 Euro = 3 Euro

Beide:

3 Euro + 3 Euro = 6 Euro

Tim:

12 Euro − 9 Euro = 3 Euro

Seite 26, Übung 27:

➕									
① 18	③ 17	⑤ 15	⑦ 14	⑨ 15
② 14	④ 16	⑥ 19	⑧ 18	⑩ 20

➖									
① 12	③ 3	⑤ 4	⑦ 9	⑨ 8
② 13	④ 2	⑥ 13	⑧ 9	⑩ 1

Seite 27, Übung 28:

➕➖									
① 17	③ 8	⑤ 17	⑦ 4	⑨ 15
② 10	④ 16	⑥ 5	⑧ 20	⑩ 20

❓									
① 20	③ 6	⑤ 12	⑦ 12	⑨ 6
② 20	④ 18	⑥ 15	⑧ 13	⑩ 14